L'ESPRIT
DE RÉFORME

ET

SES RÉSULTATS

AU POINT DE VUE JUDICIAIRE

Par E. JAUCOURT-PERROY,

Juge au Tribunal de Bazas

Extrait de LA FRANCE JUDICIAIRE

Revue bi-mensuelle de Législation, de Jurisprudence et d'éloquence Judiciaire (1)

(Nᵒˢ des 16 février, 16 mars et 1ᵉʳ juin 1877)

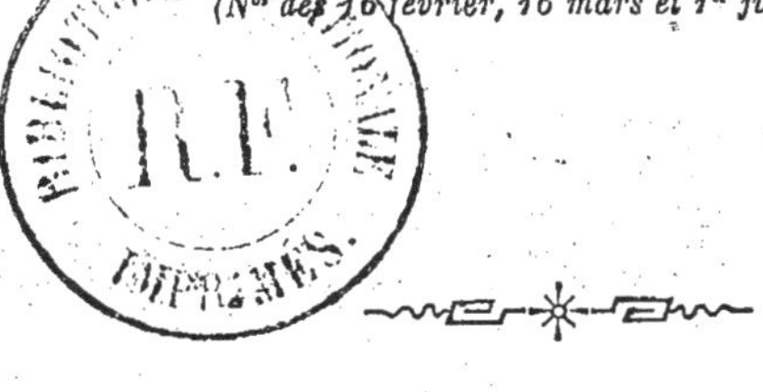

PARIS

(1) A. DURAND ET PÉDONE-LAURIEL, ÉDITEURS
9, Rue Cujas, 9

—

1877

L'ESPRIT
DE RÉFORME

ET

SES RÉSULTATS

AU POINT DE VUE JUDICIAIRE

Par E. JAUCOURT-PERROY,

Juge au Tribunal de Bazas

Extrait de **LA FRANCE JUDICIAIRE**

Revue bi-mensuelle de Législation, de Jurisprudence et d'éloquence Judiciaire (1)

(Nᵒˢ des 16 février, 16 mars et 1ᵉʳ juin 1877)

PARIS

(1) A. DURAND et PÉDONE-LAURIEL, ÉDITEURS

9, Rue Cujas, 9

1877

L'ESPRIT DE RÉFORME

& SES RÉSULTATS

AU POINT DE VUE JUDICIAIRE

« S'il faut toucher aux lois, c'est avec
la lime plutôt qu'avec la hache (1). »

Deux choses frappent l'attention de tout homme qui examine, sans esprit de parti, la situation morale de notre pays. On entend proclamer sans cesse depuis quelques années la nécessité de réformes sans nombre dans les lois et les institutions ; tout paraît devoir être modifié de fond en comble : mais c'est en vain qu'on cherche la réalisation.

Que sont devenues ces réformes tant promises et si pompeusement annoncées comme indispensables? A bien considérer, on s'aperçoit qu'à part quelques détails, la plupart des lois administratives et judiciaires sont toujours au même point; quelques propositions ont reçu l'honneur d'être renvoyées à des Commissions ; d'autres attendent que les législateurs puissent s'occuper d'elles.

Quelles sont les causes d'une situation qui produit

---

(1) Discours prononcé par M. le premier président Bécot, à l'audience de rentrée de la Cour de Rennes.

des résultats aussi contradictoires ? Faut-il les chercher dans le domaine de la politique, ou faut-il pen-
ser que, si les réformes ne se font pas, c'est qu'il
n'en est pas besoin et qu'elles sont mauvaises ?

On ne saurait nier tout d'abord que le désir d'ar-
river au pouvoir ne soit, chez beaucoup d'hommes
de certains partis, le premier inspirateur de leurs
programmes ; cela est malheureusement incontestable, et peut expliquer une grande part de ces ava-
lanches de réformes proclamées nécessaires, et ces
critiques plus ou moins violentes et opportunes contre ce que l'on appelle les vices et les abus des an-
ciens systèmes. Mais, n'est-il pas également vrai
qu'arrivé au but, on oublie facilement les promesses
et les programmes ? Vues d'en haut, les choses n'ont
pas, sans doute, les mêmes aspects que considérées
d'en bas.

Il n'est pas douteux ensuite que les questions politiques et sociales ne soient par elles-mêmes un obs-
tacle à la réalisation de certaines réformes. On ne
pourrait, en effet, sérieusement contester que les
esprits absorbés par des situations graves puissent
apporter une attention suffisante à des points qui paraissent secondaires ; et, de même que les crises politiques nuisent au développement et à la prospérité
des industries, de même elles retardent l'acomplis-
sement de réformes qui, par leur nature ou leur côté
pratique, ne viennent qu'au second plan des préoc-
cupations. Ces questions sont laissées de côté ; si on
les examine, on ne fait, pour ainsi dire, que les ef-
fleurer. Pourrait-on s'arrêter longtemps à des améliorations de systèmes, lorsque les systèmes eux-
mêmes sont mis en discussion ?

N'a-t-on pas dit à satiété, par exemple, que *les lois administratives* devaient être remaniées ; qu'il était indispensable que *l'Administration,* comme *la Justice,* pût être guidée par des lois codifiées de façon à ce que chacun fût en mesure de distinguer ses devoirs et ses droits ? On a répété mille fois que pour l'expédition des affaires, il fallait mettre un terme à des lenteurs incalculables, qui parfois ne prennent fin que par l'intervention des influences.

On a dit et redit tout cela, et ces critiques ne sont pas sans quelque fondement. Eh pourtant ! qu'a-t-on fait en cette matière ? A peu de chose près, rien. Mais, si c'est regrettable, est-ce bien étonnant ? Assurément, non ; car nous voyons que des réformes plus radicales sont réclamées : ainsi, depuis quelques années, on a beaucoup parlé de suppressions nécessaires, notamment de celle des *Conseils de Préfecture et des Sous-Préfectures ;* on a observé que ce dernier rouage n'avait d'utilité qu'au point de vue politique ; que pour l'expédition des affaires purement administratives, il n'était le plus souvent qu'un embarras ; c'est *une boîte aux lettres,* a-t-on dit ; parfois même *une poste restante.*

Il n'est donc point surprenant que les esprits ne soient pas amenés à s'appesantir sur les moyens de remédier aux défauts du système actuel, si l'on pense que ce système doit être lui-même profondément modifié.

On peut faire les mêmes remarques en ce qui concerne *l'administration de la Justice.* On a souvent observé que la *procédure civile* était parfois encombrée de formalités qui entraînaient des lenteurs préjudiciables aux intérêts de tous ; on a signalé, avec raison certainement, qu'il importait de diminuer les frais et de ne pas chercher dans la distribution de la justice une source de revenus. « *L'État, on a presque regret de le dire, tire un bénéfice notable de cette justice qu'il doit en principe distribuer gratuitement à tous les citoyens,* a dit récemment M. Dufaure.*

En droit criminel, il y a peu de jurisconsultes et de publicistes qui n'aient démontré la nécessité d'introduire des modifications dans le Code d'instruction criminelle ; MM. Faustin-Hélie, Bérenger, Mangin, Prévost-Paradol et tant d'autres qui font autorité, ont indiqué des lacunes à combler ou des réformes à opérer en cette matière.

Où sont les résultats ? On a pu croire que *l'esprit de réforme* qui s'est répandu dans notre pays amènerait l'examen et la décision de ces questions, et comme conséquence, des améliorations notables pour tous, car chacun est vivement intéressé à ce que la justice, civile et criminelle, soit autant que possible dégagée d'un formalisme long et couteux, et entourée de toutes sortes de garanties. Aucun résultat sérieux n'a encore répondu à cette attente ; en revanche, on a mis et remis en question *l'Organisation même de la Magistrature.* Nous ne mentionnerons que pour mémoire ces programmes qui, foulant aux pieds le principe tutélaire de l'*inamovibilité,* ont prétendu que les magistrats devaient être nommés à l'élection ; d'autres ont proposé l'établissement du jury en matière correctionnelle et même civile. Sans doute, on ne doit pas faire grand fonds de ces pensées extrêmes ; mais il n'en est pas moins vrai que *l'organisation même de la justice* est aujourd'hui un des principaux objectifs des réformateurs. N'est-il pas dès lors naturel que cette question prime les autres, et peut-on s'étonner que le législateur ne s'arrête pas à des discussions de *procédure* et de *taxe*, lorsque son esprit est fixé sur l'économie générale de l'institution ? C'est ainsi que des points utiles et pratiques, que, malgré leur importance, nous appellerons *secondaires*, se trouvent écartés par des questions *primaires*, où dominent, peut-on en douter, les considérations politiques !

Eh bien ! c'est le contraire qui devrait se produire. La prudence indique que, pour améliorer, il faut entrer dans l'examen des questions pratiques, et non s'attaquer à l'économie générale des institutions et aux principes vitaux sur lesquels reposent leur organisation. Ce n'est point, en effet, dans les changements de systèmes que l'intérêt général peut trouver facilement et sûrement son compte : ces changements, et les discussions qui les précèdent, produisent tout d'abord des secousses et des bouleversements, et rien n'est moins certain que les avantages qu'ils procureront dans l'avenir. Au contraire, dans les questions *secondaires*, on trouvera et le calme et l'amélioration ; le progrès consiste non pas à détruire pour avoir à refaire, mais à profiter de ce qui existe en corrigeant les défauts et en comblant les lacunes. L'exemple de l'Angleterre pourrait être cité à l'appui de ces idées ; dans ce pays, on se garde bien de réformer trop souvent *les grandes organisations*, et tout autant de les mettre en discussion à des époques périodiques : pour améliorer, en un mot, on ne commence pas par bouleverser. On peut donc affirmer, sans crainte d'être taxé d'erreur ou d'irréflexion, que l'esprit de réforme qui domine en France aujourd'hui n'aura que des résultats négatifs ou peut-être mauvais, s'il ne suit la voie qu'indiquent le bon sens, la prudence et l'intérêt général. Il faut avoir le courage de laisser de côté certaines *grandes réformes,* qui ne présentent pour l'avenir quedes résultats douteux ; il convient mieux et il sera plus sûr de porter l'attention et les efforts sur des points particuliers, sur des questions spéciales, susceptibles d'amener, sans troubles ni dangers, des améliorations qui seront d'autant plus utiles pour tous qu'on aura l'avantage de faire mieux, tout en conservant les bénéfices acquis par l'expérience. C'est ainsi notamment qu'on peut étudier avec quelque intérêt les deux questions suivantes :

1° *En matière civile,* ne pourrait-on pas réduire les frais de justice en simplifiant quelques points de la procédure ?

2° *En matière pénale,* ne devrait-on pas combler certaines lacunes qui se trouvent dans le Code d'instruction criminelle ? ne serait-il pas possible d'améliorer cette partie de notre législation par quelques modifications ?

§ I.

En matière civile, ne pourrait-on pas réduire les frais de justice en simplifiant quelques formes de procédure?

« Si vous examinez les formalités de la justice, par rapport à la peine qu'a un citoyen à se faire rendre son bien ou à obtenir satisfaction de quelque ou-

trage, vous en trouverez sans doute trop. Si vous les
regardez dans les rapports qu'elles ont avec la liberté et la sûreté des citoyens, vous en trouver_z
souvent trop peu ; et vous verrez que les peines, les
longueurs, les dépenses, les dangers mêmes de la
justice sont le prix que chaque citoyen donne pour
sa liberté et son bien. »

Ces considérations de l'auteur de l'*Esprit des Lois*
(liv. VI, ch. II) peuvent servir de réponse aux critiques exagérées qui se sont élevées contre les formalités et les lenteurs de la procédure civile. Le Code,
qui a réglé cette matière, n'a pas été l'œuvre d'un
jour ; il a été le fruit de l'expérience de plusieurs
siècles : des abus ont successivement disparu pour
faire place à des mesures utiles. Si l'on recherche
le caractère dominant de la procédure civile, on
reconnaît que le législateur a voulu que, dans toutes
les phases d'une action, nul ne puisse être jugé sans
avoir été mis en mesure de se défendre ; à chaque
article, pour ainsi dire, on retrouve cette préoccupa-
tion première : de là, ces significations respectives
de pièces et ces combinaisons d'actes divers qui toujours appellent la contradiction. Cet enchaînement
est la principale cause des lenteurs que subit une
affaire ; mais il faut l'accepter, car c'est aussi la
garantie de tous ; et, suivant l'expression de Montesquieu, ces lenteurs, ces formalités, les dépenses que
tout cela entraîne, c'est *le prix* que chacun est jus-
tement obligé de donner pour la protection de sa
fortune et de sa liberté.

Il serait donc aussi dangereux qu'inconséquent
de rechercher des diminutions de frais dans la suppression ou la modification d'actes que la pratique

ne permettrait pas de considérer comme inutiles. On ne peut s'attaquer qu'à ceux qui ne porteront pas atteinte aux principes sur lesquels repose la procédure : vouloir toucher aux autres, ce serait s'exposer à enlever aux plaideurs des gages précieux. Concluons immédiatement que si les frais de justice pourraient être diminués considérablement par *l'abaissement des tarifs*, ce dont nous ne nous occupons pas ici, ils ne sauraient l'être, au contraire, que dans des proportions bien moindres par des modifications apportées dans la procédure elle-même.

Il y a cependant quatre réformes qui, selon nous, pourraient sans danger pour la distribution de la justice, diminuer un peu les frais énormes qu'entraînent les procès.

I. — Et d'abord, on pourrait supprimer les *requêtes* ou *grosses* de conclusions. Il faudrait ne pas avoir fait un stage quelconque dans une étude d'avoué, ou n'avoir jamais parcouru le dossier d'une affaire ordinaire, pour ignorer que si cette pièce est souvent la plus volumineuse, en revanche elle est la moins utile. Dans les études tant soit peu importantes, l'avoué et le maître-clerc se gardent bien de s'occuper de cette besogne, qui est laissée aux seconds et troisièmes clercs; et, il faut le dire, elle est d'autant mieux faite, que sa dimension est plus grande; ici, le proverbe est renversé : « *Non ponderantur, sed numerantur.* » J'allais dire que, dans ces feuilles noircies à la course, on *lisait* non-seulement la copie de l'assignation, des constitutions d'avoué et de bien d'autres pièces, mais encore des discussions de droit copiées un peu partout, et n'ayant souvent pas même l'apparence de l'utilité; mais, je me rétracte; car dire qu'on *lit* ces choses-là, ce serait commettre une erreur que tous les hommes du métier, si je puis m'exprimer ainsi, relèveraient immédiatement. Ces rôles, on ne les lit pas; on se borne à les compter pour la taxe.

Cette pièce pourrait être supprimée dans sa plus grande partie; il n'y a, tout le monde le sait, que la dernière partie d'utile; c'est une sorte de résumé qui contient les conclusions rédigées par l'avocat ou l'avoué : le reste est un remplissage plus que superflu.

La suppression de cette pièce nuirait-elle gravement aux intérêts des avoués? Non, et surtout en première instance, car ce n'est point là une des principales sources des produits de leurs études. Celui qui en profite le plus est le trésor, qui retire plus de la moitié de la dépense. Or, on comprend que le fisc soit appelé à prélever un droit sur tous les actes que nécessite l'administration de la justice; mais, ce que l'on devrait éviter, ce sont les actes qui n'ont d'autre but que d'augmenter les frais, et de les augmenter, on peut le dire, d'une façon tout à fait arbitraire. Remarquons-le, en effet : la dimension des grosses varie suivant les études, les lieux et les affaires; ce n'est donc là qu'un impôt, et un impôt injuste puisqu'il est progressif et arbitraire.

Dans la plupart des affaires ordinaires, comprenant la requête en demande et la requête en réponse, la partie superflue des *grosses* produit certainement une moyenne de plus de soixante francs

dans les tribunaux de sixième et cinquième classes;
dans les tribunaux importants, ce chiffre est bien
plus élevé. Cette diminution de frais serait donc
réalisable sans inconvénients pour la distribution
d'une bonne et saine justice.

II. — Il y aurait lieu, ce nous semble, de simpli-
fier aussi l'expédition et la signification des jugements *préparatoires* et *interlocutoires*. Lorsqu'un
jugement ordonne une expertise, une enquête, un
compte ou une liquidation, il devrait suffire de signifier les *motifs* et le *dispositif*, sans exiger une
expédition complète; celle-ci nécessite la signification préalable des *qualités*, les oppositions, etc., et,
comme conséquences, des frais et des lenteurs que
les nécessités de la défense ne justifient point. Il
faut considérer, en effet, que ces jugements ne sont
qu'une préparation, et qu'au lieu d'arrêter la marche de la justice, ils ne devraient servir qu'à préciser
ce qu'il convient de faire sans retard. Au contraire,
qu'arrive-t-il après un jugement interlocutoire? Il
semble que tout est fini, ou qu'au moins le résultat
obtenu nécessite un temps de repos; il faut suivre
une procédure pour préparer l'expédition; celle-ci
est longue; il faut l'attendre du greffe; les jours et
même les mois s'écoulent, et les frais augmentent.
Tout cela serait évité s'il était permis de signifier
simplement les motifs et le dispositif du jugement,
qui seuls paraissent nécessaires pour faire courir
les délais d'appel, et pour la confection même des
enquêtes, des expertises et autres mesures préparatoires. A quoi servent, pour ces mesures, les grosses

des jugements? Est-ce que les parties et leurs mandataires ne sont pas présents aux opérations? Est-ce que toutes les pièces ne seront pas remises aux experts? L'article 260 du Code de procédure indique que le *dispositif* seul est utile pour les significations aux témoins.

Un seul cas justifie la procédure actuelle : c'est le cas d'appel; elle devrait alors être suivie par l'appelant; il le ferait à ses risques et périls, et il y aurait encore là cet avantage qu'on le contraindrait ainsi à faire l'avance de ces frais, et par conséquent à être plus circonspect dans cette procédure qui n'a souvent ici pour but que de suspendre la marche de la justice.

Cette modification n'attaquerait pas les principes fondamentaux de la procédure; elle en simplifierait le fonctionnement, et ferait disparaître des lenteurs et des frais superflus.

III. — Il serait possible également de modifier l'article 303 du Code de procédure civile. Cet article impose aux tribunaux l'obligation de nommer *trois experts*, lorsqu'il y a nécessité de recourir à une expertise, à moins que les parties ne consentent à ce qu'il soit procédé par un seul. Il conviendrait d'effacer *cette obligation* dont les tribunaux ne peuvent se départir aujourd'hui, alors même qu'ils se trouvent en présence d'une affaire peu importante, et que l'expertise ne présente pas de sérieuses difficultés. Il serait sans danger de laisser aux juges le soin d'apprécier s'il y a lieu de désigner un ou plusieurs experts. *En matière criminelle*, où les intérêts les plus graves sont engagés, les expertises médico-légales et beaucoup d'autres vérifications se font dans la plupart des cas par *un seul expert;* ce n'est que lorsque la gravité ou la difficulté des affaires l'exigent, que les magistrats instructeurs appellent plusieurs hommes de l'art. L'expérience démontre qu'il serait avantageux de procéder au civil comme au criminel.

Cette disposition réduirait de beaucoup les frais dans certaines affaires; car personne n'ignore que, lorsqu'une vérification est faite par trois experts, les frais atteignent une proportion considérable; ils absorbent parfois une grande partie de la valeur du litige. On compred que la loi ne puisse confier à un seul le soin de juger; mais les opérations des experts ne sont qu'une préparation; on s'explique donc difficilement que dans notre' législation, cette inconséquence puisse se maintenir, à savoir qu'au civil un seul expert ne puisse procéder, alors que l'on a en cette matière la garantie de la contradiction dans la recherche, tandis qu'au criminel un seul expert procède légalement, et cela, le plus souvent, hors la présence des intéressés.

IV. — Signalons enfin une autre réforme que la pratique des ordres offre à l'esprit, et qui donnerait des avantages au point de vue de l'expédition rapide des affaires et de la diminution des frais. *L'article 751 du Code de procédure prescrit, dans toutes les affaires d'ordres,* la tentative d'un règlement à l'amiable; cette tentative est parfois utile; mais souvent elle est faite alors qu'il est manifeste qu'elle ne peut aboutir. Ainsi lorsque l'état hypothécaire révèle un grand nombre d'inscriptions, et que les sommes à distribuer sont inférieures aux créances, tout fait présumer qu'il n'y aura pas de règlement à l'amiable. Pourquoi l'obligation d'y recourir quand même? Sans doute, les prévisions ne sont pas certaines; mais tout donne lieu de croire que les frais exposés pour cette tentative, le seront en pure perte. Or, on comprend l'essai de la conciliation lorsqu'elle est présumable; on ne saurait l'admettre lorsque la situation est toute contraire. C'est ainsi que l'article 49 du Code de procédure civile dispense de la tentative de conciliation devant le Juge de paix, les demandes formées contre plus de deux parties; on suppose que plusieurs personnes étant engagées dans le même procès, l'accord n'est pas facilement réalisable. Nous croyons qu'il serait utile d'appliquer cette théorie en matière d'*ordres*, et de décider, lorsque l'état des inscriptions révélerait un nombre assez considérable de créances telles que plus de huit, et que le prix à distribuer paraîtrait inférieur aux sommes dues, qu'il n'y a pas lieu de recourir à la tentative du règlement à l'amiable. Cette disposition amènerait plus de célérité dans la marche de cette procédure, et en même temps une diminution de frais, qui ne serait pas sans doute considérable, mais qui profiterait aux derniers créanciers colloqués, victimes de la surabondance de frais faits en cette matière. — Cette modification est d'autant plus susceptible d'être accueillie, que l'intérêt de régler les ordres *à l'amiable* n'est plus le même aujourd'hui qu'autrefois, les droits d'enregistrement du règlement définitif étant maintenant aussi élevés, que ces ordres soient réglés *à l'amiable* ou qu'ils le soient *judiciairement*.

Nous n'avons certainement pas la prétention d'avoir signalé des modifications importantes et capitales au Code de procédure civile; celles que nous indiquons ici sont, au contraire, peu considérables; et c'est peut-être un mérite : car il est incontestable qu'en ces matières, il faut demander peu, pour ne pas demander trop. Si l'on considère les formalités, les lenteurs et les frais de justice comme le prix que chacun est appelé à payer pour la protection de sa fortune et de sa liberté, on peut demander que ce prix ne soit pas augmenté par des actes inutiles et frustratoires. Que la procédure soit retardée par des actes nécessaires ; que le fisc perçoive sur ceux-ci des droits légitimes : rien de mieux ; mais que des actes n'ayant pour conséquence que d'augmenter les frais soient maintenus dans la législation, voilà ce qui paraît blesser mortellement cette pensée : *La justice est rendue gratuitement!* On arrive, au contraire, à ces résultats singuliers que les procès deviennent une des prévisions du budget des recettes, et que, si à un point de vue plus élevé on doit désirer leur diminution, il ne saurait en être ainsi au point de vue budgétaire. Les frais de justice sont devenus, — on ne saurait le nier, — un véritable impôt indirect; les nécessités le justifient sans doute, mais pour qu'il ne soit pas inique, il faut éliminer et l'arbitraire et l'exagération; les actes inutiles doivent donc être incontestablement écartés. On ne doit pas oublier que les dépens sont souvent payés, en grande partie, par ceux-là mêmes qui gagnent leurs procès; et il est certain que les frais ont accru dans une proportion telle qu'ils sont supérieurs aujourd'hui à ce qu'ils étaient avant la Révolution de 1789. Dans beaucoup d'affaires peu importantes les parties reculent devant une instance; elles redoutent que les frais absorbent la valeur du litige. Faisant allusion aux complications des procédures, Montesquieu a dit : « Il ne faut pas ruiner les parties à force d'examiner »; on peut ajouter : Il ne faut pas non plus les ruiner ou les détourner de la justice par des frais inutiles et exagérés.

§ II.

En matière pénale ne devrait-on pas combler certaines lacunes qui se trouvent dans le Code d'instruction criminelle? Ne serait-il pas possible d'améliorer cette partie de notre législation par quelques modifications ?

Sans rechercher toutes les lacunes qui peuvent se rencontrer dans le Code d'instruction criminelle, il en est deux dont on s'explique difficilement l'existence.

Et d'abord, *l'interrogatoire des inculpés par le Juge d'instruction*. Il est singulier que cette partie capitale de l'information judiciaire soit passée sous silence. Le Code d'instruction criminelle a consacré quatre chapitres du livre premier pour déterminer les fonctions des magistrats instructeurs, leur compétence, leur manière de procéder, et notamment de faire l'audition des témoins ; aucun article n'indique que l'interrogatoire des inculpés doit être fait par ces magistrats ; aucun article n'en règle la forme. « Cette omission est regrettable, dit M. Mangin, dans son traité sur l'instruction écrite (tome Ier, page 226) ; cet acte important de l'instruction méritait assurément l'attention du législateur. »

Quelles sont les causes de cet oubli ? Le législateur de 1808 a-t-il ainsi évité de formuler en termes précis le principe *du secret*, dont l'application se manifeste surtout dans l'interrogatoire et l'isolement de l'inculpé ? Si l'on tient compte de l'état des esprits à l'époque de la confection du Code, on serait presque tenté de le croire. Mais, pas n'est besoin de s'arrêter sur les causes ; il suffit de constater l'omission et de dire que cette partie si essentielle de l'information judiciaire ne repose, dans la pratique, que sur des analogies et des inductions que la doctrine et la jurisprudence ont dû fixer à défaut de texte. L'ordonnance de 1670 avait consacré deux chapitres aux interrogatoires des inculpés et à leurs confrontations avec les témoins ; ce sont les titres 14 et 15. Il est certain qu'en cette matière, le Code est moins complet et tout à la fois plus rigoureux. Sous l'empire de cette ordonnance l'inculpé pouvait, dans plusieurs cas, communiquer avec un conseil dès

qu'il avait subi le premier interrogatoire ; l'article
8 du titre 14 énumère ces cas, qui sont : le péculat,
la concussion, la banqueroute frauduleuse, les affaires de finances, et les crimes intéressant l'état
des personnes. D'après les articles 1er et 18 du titre
15, les inculpés devaient être confrontés avec les témoins ; les déclarations de ceux-ci leur étaient lues ;
ils connaissaient, par suite, l'état de l'information,
et pouvaient présenter au juge soit les récusations
et reproches contre les témoins, soit des indications
de nature à faire compléter les dépositions ou en
recueillir de nouvelles (art. 22). Aujourd'hui, au
contraire, aucun texte du Code ne formule l'obligation ni les formes de l'interrogatoire, il n'est pas
question davantage de la nécessité de la confronta-
tion et de la manière dont les inculpés auront connaissance des charges avant la décision du magistrat instructeur ; si la jurisprudence a fixé l'obligation de l'interrogatoire, elle n'a pu déterminer ces
derniers points, et cependant les accusés auraient
le plus grand intérêt à connaître, en ce moment, et
dans leur entier, toutes les dépositions qui ont été
recueillies, car ils arrêteraient peut-être une décision contraire à leurs droits. — Sans doute, les juges
d'instruction remplissent leurs fonctions de telle
sorte que, dans la pratique, ces lacunes ne se lais-
sent presque jamais entrevoir ; on conviendra néanmoins que, lorsque la loi a réglé tant de points rela-
tivement secondaires pour ne pas les livrer au gré
de l'arbitraire et des discussions juridiques, on peut
bien lui demander de fixer aussi des points essentiels,
tels que l'interrogatoire et les confrontations. On a
souvent dit, d'ailleurs, et avec beaucoup de raison

que, pour des actes intéressant à un si haut degré
l'honneur et la liberté, rien ne pouvait valoir un
texte de loi.

En second lieu, il convient de remarquer combien
sont incomplètes les dispositions qui règlent soit
les *commissions rogatoires*, soit les *commissions
d'experts*, auxquelles les juges d'instruction sont
obligés de recourir. Si on s'en tenait à la lettre de
la loi, ces magistrats ne pourraient déléguer que
dans les cas et les formes prévus par les articles 83,
84 et 90 du Code d'instruction criminelle, pour des
auditions de témoins malades, domiciliés hors du
canton ou de l'arrondissement, et pour des perquisitions à opérer hors de l'arrondissement ; et si, par
suite, on appliquait la maxime *qui dicit de uno, negat
de altero*, il faudrait en conclure qu'ils ne pourraient
commettre ni un juge de paix, ni aucun autre officier
de police judiciaire pour faire des perquisitions dans
le ressort de leur arrondissement, ou pour entendre
des témoins dans le canton de leur résidence. Cependant, dans la pratique, le contraire a lieu jour-
nellement, et ces usages sont trop justifiés pour qu'il
soit nécessaire d'en indiquer ici les motifs. Mais,
combien de controverses se sont élevées à ce sujet !
Faut-il en citer des exemples ? *M. Faustin-Hélie*
fait des distinctions, tome V, page 572, *Traité sur
l'instruction criminelle* ; *M. Legraverend* admet que
ce qui se passe dans la pratique est conforme aux
principes : « Un système contraire, dit-il, entrave-
rait incessamment la marche de la justice ; »
M. Mangin a écrit après M. Legraverend : « Cette

doctrine me paraît fausse, » tome I, page 45. Enfin, un arrêt de la Cour suprême (27 août 1818), porte que « dans l'exercice du droit de délégation, les juges d'instruction sont renfermés dans le cercle restreint des dispositions des articles 83, 84 et 90. »

Les nécessités de la pratique ont triomphé des difficultés et des controverses, et la jurisprudence a sanctionné ce qui se fait aujourd'hui ; quelques magistrats délèguent même les pouvoirs d'interroger, et par suite, le soin de décider, s'il y a lieu, de décerner un mandat ; il est, tout au moins, généralement reçu que, soit qu'il s'agisse de perquisitions ou d'auditions de témoins, malades ou non, dans le canton de leur résidence ou hors de ce canton et de l'arrondissement, les juges d'instruction peuvent recourir aux délégations et commissions rogatoires qui sont exécutées, suivant les cas, par leurs collègues, par les juges de paix ou d'autres officiers de police judiciaire. Cette manière de procéder, si elle est bonne en fait, ne repose sur aucun texte de loi ; bien au contraire, elle paraît en opposition formelle avec sa lettre : c'est assez dire qu'il y a là une lacune à combler ; le législateur, en consacrant les usages établis, fera disparaître les critiques que justifient trop les divergences d'opinions qui se sont produites à ce sujet.

Appelé à fixer les pouvoirs que le juge d'instruction peut déléguer, le législateur devrait, ce me semble, déterminer également les règles à suivre pour les expertises médico-légales et autres moyens de vérifications qui souvent sont une base essentielle de l'information. Le chapitre des *juges d'instruction* est muet à ce sujet, et ce n'est qu'en se reportant aux cas des *flagrants délits* qu'on trouve une mention des experts et des médecins, uniquement pour fixer la formule du serment, article 45. Quand à la manière dont les expertises devront être faites, et la question de savoir si elles auront lieu contradictoirement avec l'inculpé et en sa présence , aucun texte ne parle de ces détails de procédure pourtant fort importants.

Ces omissions, et bien d'autres qui se trouvent dans le Code d'instruction criminelle, démontrent que c'est avec raison qu'on a maintes fois observé que, de tous les grands Codes que nous ont légués le Consulat et le premier Empire, — œuvres qui ont fait l'admiration du monde entier, — le moins complet est assurément celui qui règle la procédure pénale et spécialement la partie de ce Code qui détermine l'instruction préparatoire, l'*information judiciaire*. Cette différence, qui est sensible, s'explique assez facilement par quelques considérations historiques.

La législation civile, en effet, avait pour base le *droit romain*, « cette source inépuisable du beau et du vrai, » suivant une heureuse expression. L'ancien droit français en avait adopté les principes et les coutumes ; souvent, il n'avait fait que les reproduire textuellement. Les rédacteurs des Codes civils purent donc se mouvoir avec la lumière pour guide.

En procédure pénale, il en fut tout autrement. La législation française avait depuis longtemps abandonné son modèle ; elle avait même fini par suivre, en cette matière, une voie diamétralement opposée. Vers la fin du xvᵉ siècle, des édits royaux avaient sanctionné la *procédure secrète*, pratiquée déjà depuis un ou deux siècles dans les juridictions du clergé, qui formait la partie la plus éclairée de la Nation ; peu à peu, on avait rompu avec les premières coutumes françaises basées comme celles de l'Angleterre, sur le droit romain, c'est-à-dire sur la procédure *contradictoire*. Les tribunaux de l'Inquisition, dont la puissance fut quelque temps supérieure même au pouvoir royal, s'emparèrent insensiblement de la connaissance de la plupart des crimes et délits ; indulgents tout d'abord, ils eurent à lutter contre les schismes, l'ignorance et la barbarie ; la sévérité fut poussée à l'excès. Leur procédure s'étendit aux juridictions séculières, et bientôt il fut admis (ordonnance de 1539) que, pour se défendre et pour punir, la société avait le droit d'user contre un individu, non-seulement de la procédure secrète dans son acception la plus odieuse, mais encore des tortures les plus cruelles.

Au xviiᵉ siècle, ces idées prévalaient encore, et l'ordonnance de 1670 réglementa la manière d'appliquer la *question*. Le serment que les accusés prêtaient avant leur interrogatoire, et dont l'origine était commune avec celle du secret, ce serment fut maintenu ; les chaleureuses protestations de Lamoignon, ne purent prévaloir, et c'est en vain qu'il attaqua ce système, en faisant ressortir que rien ne justifiait cet abus, entièrement contraire aux principes du droit, et dont il n'y avait, ajoute-t-il, *la moindre trace dans le droit canonique, avant qu'il ne fût embrouillé par les formalités de l'Inquisition* (conférences tenues pour la composition de l'ordonnance de 1670, article 7, titre 14).

Cette procédure avait soulevé bien avant la révolution de 1789 des attaques sans nombre. — Il est à remarquer que, comme pour lui donner les apparences de droit, les auteurs de la célèbre ordonnance de Villers-Cotterets (1539), — qui a valu au chancelier Poyet le surnom d'impie, — avaient essayé d'en justifier les mesures en les appuyant sur le droit romain. Comment parvint-on à trouver que dans cette législation les témoins étaient interrogés *secrètement*? Dans le commentaire sur le traité des délits et des peines de Beccaria (page 86, édition de 1773, Paris), Voltaire a écrit à ce sujet une page souvent citée; après avoir dit que, chez les Romains, les enquêtes se faisaient publiquement, il ajoute: « Chez nous, tout se fait secrètement; un seul juge avec son greffier entend chaque témoin l'un après l'autre. Une méprise seule fut la cause de cette pratique; on s'était imaginé en lisant le Code *de Testibus* que ces mots: *testes intrare judicii secretum*, signifiaient que les temoins étaient interrogés *secrètement*. Mais *secretum* signifie ici le *cabinet du juge; intrare secretum*, pour dire parler *secrètement*, ne serait pas latin. Ce fut un solécisme qui fit cette partie de notre jurisprudence. »

On peut dire sans doute que dans les matières juridiques Voltaire ne fait pas autorité; mais cette page, Voltaire n'a que le mérite de l'avoir copiée dans les conférences de Bornier, le commentateur autorisé de l'ordonnance de 1670. Ce savant jurisconsulte dit (page 64, 2ᵉ vol., édition, Paris, 1760): « ce qui donne lieu à cet usage, ou pour mieux dire *à cet abus*, d'ouïr les témoins secrètement, est qu'on a cru que ce qui est dit dans la loi *nullum 14 de testibus :* testes intrare *judicii secretum*, voulait dire *in secreto ;* mais c'est une erreur ; car ce *secretum* ne signifie autre chose *quam secretarium*, id est *judicii locus*, le cabinet du juge ; » et il cite de nombreux textes à l'appui. » — C'était donc, il est intéressant de le retenir, d'après Bornier qui faisait ces remarques sous l'empire de l'ordonnance de 1670 elle-même, c'était *un abus* que la procédure secrète, et cet abus reposait sur une erreur juridique et grammaticale. Ce n'était pas assurément le seul jurisconsulte qui considérât dès lors les innovations de 1539 et 1670 comme contraires aux principes ; chacun sait qu'un concert de protestations s'était élevé contre le sytème inquisitorial ; on ne peut oublier que plusieurs parlements refusèrent d'enregistrer l'ordonnance de 1539. De Salviat, auteur de la jurisprudence du parlement de Bordeaux, dit (page 469, édition de 1787, Paris) : « Le juge même souverain est esclave de la loi ; mais je suis persuadé qu'il n'y a pas un des membres du Parlement qui ne désire avec empressement le retour à la procédure telle qu'elle était avant l'ordonnance de 1539. »

En 1789, le système inquisitorial était à ce point condamné par l'opinion générale que la plupart des cahiers des députés aux États généraux contenaient la demande de son abolition. Cette assemblée fut, on le sait, composée de tout ce que la France avait d'hommes éclairés et considérables ; c'est elle qui, rompant sagement avec certains abus du passé, posa les fondements de notre état social. Peu de jours après la déclaration des droits, un de ses promiers actes (8 octobre 1789), fut de consacrer ce que l'expérience et l'opinion avaient pour ainsi dire imposé ; ce décret ne souleva pas d'opposition ; il parut n'être que le retour aux vrais principes du droit et de la raison, en formulant les bas s de l'information contradictoire et en faisant disparaître, non-seulement le secret, mais ce qu'on pourrait appeler ses acolytes par l'origine : le serment des inculpés, la question, la sellette...

Mais, bientôt les temps s'obscurcirent ; les excès de toute sorte égarèrent les esprits ; en cette matière comme en tant d'autres, les meilleures mesures furent dénaturées ; l'information contradictoire, au lieu d'être renfermée comme elle devait l'être, dans de saines limites, fut exagérée par les lois subséquentes : citons celles de 1791 et de l'an IV, qui rattachèrent malheureusement l'abolition du secret et l'admission de la procédure contradictoire à l'organisation du jury d'accusation. Quelques années après, il arriva, ce qui se produit infailliblement après les changements excessifs, — la réaction ; et, lorsqu'en 1808 les rédacteurs du Code d'Instruction criminelle se trouvèrent en présence de cette matière, on s'explique très bien que les événements qui venaient de s'accomplir n'étaient pas faits pour les ramener à la pensée qui avait présidé au décret du 8 octobre 1789. On revint donc, du moins en partie, au système inquisitorial, et on ne doit pas être surpris que l'opinion publique, qui l'avait si bien condamné avant la révolution, l'accueillit facilement en 1808, sous une nouvelle transformation. L'instruction criminelle présenta deux phases distinctes : la première, l'information judiciaire, précédant la mise en jugement, redevint secrète comme autrefois ; la deuxième, comprenant l'instruction suivie devant les tribunaux répressifs, fut établie sur les règles du droit romain et l'on pourrait dire du droit naturel ; elle devint publique et contradictoire ; là était le progrès, là était l'amélioration, et là se rencontre aussi la supériorité qui a distingué les rédacteurs de nos grands Codes. Quant à la première partie, qui ne fut qu'un retour aux ordonnances de 1539 et de 1670, des omissions graves y furent commises et des imperfections sérieuses se glissèrent dans le système lui-même.

Cette situation ne devait pas se perpétuer longtemps sans soulever de vives et justes attaques, et il est naturel que, quelle que soit l'amélioration apportée par la distinction créée en 1808, le calme et l'expérience aient ramené l'attention des esprits sur la partie de ce Code qui n'est qu'une reproduction imparfaite d'une pratique déjà condamnée. La procédure secrète a donc été fortement critiquée de nos jours ; dans les dernières années de l'Empire, l'opinion s'était prononcée contre elle ; aux jurisconsultes s'étaient joints les publicistes : nous citerons notamment M. Prévost-Paradol qui, dans son ouvrage, *La France nouvelle*, demandait la réforme de ce système. En 1869, M. Thiercelin écrivait dans le remarquable *Essai sur l'histoire générale du droit français*, qui précède le grand répertoire de Dalloz : « c'est exprimer le sentiment commun de dire que notre état social sollicite la refonte du Code d'Instruction criminelle. L'humanité et la civilisation exigent pour le citoyen d'autres garanties que celles qu'il peut attendre de la mansuétude du

Juge. On a dit assez combien est défectueux le système qui permet de mettre tout citoyen en état de prévention ou d'accusation sans la garantie de la publicité... »

Lorsque, vers le mois de mai 1870, la magistrature fut appelée à se prononcer sur un projet de modifications au Code d'Instruction criminelle, plusieurs magistrats pensèrent qu'on pourrait rétablir dans l'information judiciaire une publicité restreinte dans de sages limites. Une commission fut réunie au ministère de la justice ; elle se composait d'hommes éminents, membre du conseil d'État, de la Cour de Cassation et de la Faculté de droit ; ses propositions n'ont été qu'imparfaitement connues ; les événements, qui se sont succédé, en ont détourné l'attention ; on sait toutefois qu'elle fut d'avis de faire disparaître, autant que possible, les conséquences abusives du secret.

Un grand nombre de magistrats ont vivement combattu le système d'après lequel les témoins et les accusés seraient entendus publiquement ; on a surtout dit que les déclarations publiques faites au début de la procédure compromettraient l'instruction, soit parce que l'inculpé serait mis au courant de ce qui aurait été révélé contre lui, soit parce que les témoins parleraient plus difficilement. Nous ne nous arrêterons pas à rechercher ce qu'il peut y avoir de vrai dans ces appréhensions ; nous ne chercherons pas à les refuter, et à faire remarquer ainsi que le fait Boncenne (tome I, page 190), que si les témoins parlent librement en secret, ils parlent peut-être trop librement ; nous dirons seulement que dans la pratique les dangers ne seraient pas aussi grands qu'on le dit, et que l'on pourrait, d'ailleurs, y porter quelques remèdes. Mais nous convenons qu'il sera d'autant plus facile d'obtenir une amélioration qu'elle paraîtra moins considérable, et moins en lutte avec les idées reçues et les usages. Aussi avons-nous cherché à résumer dans les formules les plus pratiques et les plus simples quelques mesures qui, sans détruire ce qui se fait aujourd'hui, nous semble néanmoins devoir être de nature à corriger le système et à pallier ses premiers défauts.

Les plus graves reproches qui ont été soulevés contre l'information judiciaire, après les lacunes que nous avons déjà signalées, se résument en trois points :

1° Un individu peut être arrêté et incarcéré, sans qu'on lui fasse connaître le motif de l'arrestation ;

2° La décision du juge instructeur qui statue sur le sort d'un inculpé peut être rendue sans que celui-ci ait eu le moyen de se défendre en pleine connaissance de cause ;

3° Cette décision n'est ni publique ni suffisamment motivée ; elle est secrète ; le prévenu lui-même en ignore parfois l'existence et les termes.

Ces critiques sont fondées ; il est constant, en effet, qu'il est de l'essence même de la justice de ne pas marcher dans les ténèbres ; elle doit procéder *publiquement*, et, tout au moins, *contradictoirement* entre les deux parties en cause. Dans les matières criminelles, il s'établit une sorte de lutte entre la société et celui qui est soupçonné d'avoir enfreint ses lois ; dans cette lutte, s'il importe que la société puisse triompher, il ne faut pas cependant qu'elle triomphe à tout prix. La difficulté consiste à protéger et la sécurité individuelle, et ces droits de la société qui sont le principe de la poursuite et qui dominent la situation. Il convient donc de sacrifier l'intérêt particulier à l'intérêt général, mais il convient aussi que ce sacrifice ne soit pas exagéré ; en un mot, les rigueurs inutiles doivent être soigneusement exclues.

Si ces principes sont vrais, — on les mettrait vainement en discussion, — il faut conclure que les trois points que nous avons relevés doivent être modifiés ; ils doivent l'être, car ils constituent un exercice exhorbitant des droits de la société ; ajoutons qu'ils le seront facilement, et de plus, sans aucun danger pour l'ordre public, par les mesures suivantes :

1° *Obligation d'insérer dans les mandats de comparution et d'amener l'énonciation des faits formant l'inculpation ;*

2° *Lecture aux inculpés des dépositions et autres pièces de la procédure avant la décision statuant sur leur sort ;*

3° *Publicité de cette décision et obligation de la motiver.*

Si l'on veut bien examiner ces trois modifications, on verra que, si peu importantes qu'elles paraissent au premier abord, elles corrigent, en partie du moins, les plus grandes défectuosités du système actuel.

I. — La première fait disparaître, en effet, ce que présentent d'inique et d'incompréhensible les dispositions qui permettent d'arrêter un individu sans qu'on soit tenu de lui en dire les causes. — Que ce soit par mandat de comparution ou par mandat d'amener, toute personne peut être contrainte de comparaître devant un juge d'instruction, sans être prévenue des faits pour lesquels elle est appréhendée.

N'est-on pas frappé de cette anomalie ? En matière civile, une assignation donne toujours les motifs de cet appel devant les magistrats ; si l'on est obligé d'y répondre, l'esprit du moins ne saurait se préoccuper mal à propos. Ce n'est que pour les comparutions devant le juge d'instruction que le silence et l'inconnu semblent avoir été réservés, et cependant il faut avouer que ce ne doit pas être le magistrat devant lequel il soit plus agréable de se rendre sans en connaître les causes.

On peut objecter que dès le premier interrogatoire, les motifs de l'inculpation seront indiqués ; sans doute ; mais on oublie que dans l'intervalle celui qui est ainsi mandé, et qui est peut-être innocent du fait qui lui sera dénoncé, n'en restera pas moins livré à toutes les suppositions et aux angoisses ! Quelqu'innocent qu'on soit, n'est-il pas naturel de redouter les suites d'une information ? Et enfin, si cet appel se fait par mandat d'amener, l'inculpé sera conduit de brigade en brigade, au chef-lieu d'arrondissement ; il sera incarcéré dans la maison d'arrêt ; l'interrogatoire ne pourra guère se faire le jour de l'arrivée ; et, pendant tout ce temps, il ignorera la cause de son arrestation !

Pourquoi cette manière de procéder? Pourquoi ce silence? C'est *le secret* qui se manifeste au début, et qui persiste dans la suite et presque jusquà la fin de l'information. Mais s'il est vrai que toute loi doit avoir sa raison d'être, il est intéressant de rechercher les motifs de celle-ci. A-t-on voulu que l'inculpé ne puisse préparer sa réponse, espérant que la vérité lui échappera mieux s'il est pris à l'improviste? Non, ce ne peut être là l'esprit de la loi; ce serait une cruauté inutile ; car, — qu'on veuille bien le remarquer, — si le prévenu est coupable d'un fait délictueux, il se doutera bien qu'il s'agit de ce fait et préparera quand même ses réponses; à ce point de vue, ce silence serait donc sans valeur pour les coupables; il n'atteindrait que les innocents. — A-t-on voulu empêcher que l'inculpé mis au courant de l'imputation puisse s'entendre avec des témoins et faire disparaître les indices de sa culpabilité? Cette explication ne serait guère plus admissible, si l'on observe qu'elle ne s'appliquerait qu'aux faits les moins importants pour lesquels on emploie le mandat de comparution. Lorsque le délit est grave, le mandat d'amener est décerné : dès lors, on ne voit point comment l'inculpé pourrait influencer les témoins, puisqu'il est placé immédiatement entre deux gendarmes, et l'on ne se rend aucun compte de l'usage qu'il pourrait faire de la notification des faits incriminés.

C'est donc vainement qu'on recherche les motifs de ces dispositions; on ne les aperçoit nulle part, si ce n'est dans le système lui-même qui a pour base *le secret*. On ne pourrait pas même prétendre que ce n'est là qu'un oubli, car en parlant des énonciations du *mandat d'arrêt*, l'article 96 porte que ce mandat contiendra celles prévues pour les mandats de comparution et d'amener, et *de plus*, l'indication des faits incriminés. Il paraît singulier que la loi ait réservé cette mention pour le mandat d'arrêt qui est employé le plus rarement; quelques auteurs ont pensé qu'il convenait d'étendre cette disposition et de l'appliquer aux mandats de comparution et d'amener; le texte de la loi est tout à fait contraire à cette pensée; d'ailleurs, il est certain que, dans la pratique, ces derniers mandats sont presque toujours décernés sans mention des faits dont il s'agit. —Cette première modification reposerait, on le voit, sur la raison et sur l'équité; elle ferait disparaître ce que le secret a d'injuste dès le début de la procédure.

II. — La seconde modification aurait pour conséquence de rendre l'information sinon publique, du moins contradictoire à un moment où, de l'avis de tout le monde, le secret ne peut plus être nécessaire. Lorsque le magistrat instructeur jugerait que l'information est achevée, il serait tenu, avant de rendre l'ordonnance de règlement, de donner lecture aux inculpés des dépositions des témoins et des autres pièces de la procédure. A ce moment, la lumière est faite, et la religion du magistrat est éclairée; il n'y a donc plus à redouter les inconvénients du système de l'instruction publique et contradictoire, si tant est qu'il puisse en produire; il n'y a plus à craindre que la divulgation des charges nuise à l'information : pourquoi donc ne pas rentrer dans le droit commun, c'est-à-dire dans la procédure contradictoire? C'est ce que l'on ferait en donnant lecture aux inculpés de toutes les pièces de l'information.

M. Faustin-Hélie a pensé qu'on devait faire plus ; il a revendiqué, avec l'autorité qui s'attache à sa parole, la copie et la remise aux inculpés, avant l'ordonnance de règlement, des pièces de la procédure et la désignation d'un défenseur (journal *Le Droit*, 14 juin 1876). La lecture des pièces serait peut-être plus facilement réalisable dans la pratique ; elle aurait aussi l'avantage d'appeler plus immédiatement les observations de l'inculpé. Quant à la présence d'un défenseur, elle ne paraît pas indispensable pour que l'accusé puisse s'expliquer sur la vérité ou la fausseté des faits qui sont révélés par les enquêtes ; admettre les avocats à venir à ce moment discuter la procédure, cela semble dépasser le but de l'instruction préparatoire qui est de rechercher et de recueillir les preuves. Qu'on mette les inculpés en mesure de compléter ces preuves ou de les contredire par des faits nouveaux, rien de mieux ; mais il convient de réserver les luttes et les débats judiciaires pour le jour de la poursuite, si les charges sont de nature à démontrer qu'elle doit avoir lieu.

Contre la modification que nous proposons, on peut faire deux objections :

a. Les inculpés ont connaissance des charges qui pèsent contre eux lorsqu'ils sont renvoyés soit en police correctionnelle, soit en cour d'assises ; à ce moment l'instruction se refait complètement, la première ne tenant plus qu'à titre de renseignements ;

la communication est donc donnée lorsque l'intérêt même des prévenus le demande d'une façon plus opportune et plus utile ;

b. Il serait imprudent, en cas d'ordonnances de non-lieu, de faire connaître aux inculpés les charges qui ont pesé sur eux; on s'exposerait ainsi à créer des animosités inutiles ; et, si l'information, incomplète pour le moment, venait à être reprise dans l'avenir, la découverte de la vérité serait compromise par ces divulgations anticipées.

Cette dernière objection n'est pas sans fondement; il serait utile, en conséquence, de faire ici une exception : l'ordonnance de non-lieu qui serait motivée, la justifierait facilement. Il faut dire, d'ailleurs, que l'utilité de la communication des pièces existe bien moins pour celui qui bénéficie d'une ordonnance de non lieu, que pour celui qui est menacé d'être renvoyé sur les bancs de la Police correctionnelle ou de la Cour d'assises. — Quant à la première objection, elle perd toute valeur si l'on considère que la connaissance des charges, qui ont déterminé la mise en prévention, est souvent tardive, n'étant donnée pleinement que lorsqu'il n'est plus possible de revenir sur une mesure qui, par elle-même, est déjà une décision des plus graves. Un inculpé n'a-t-il donc pas intérêt à pouvoir mettre tout en œuvre pour prévenir l'ordonnance de renvoi? N'aurait-il pas été en mesure de détruire certain fait s'il l'avait connu complètement?

Tout cela est certain, et justifie d'autant mieux la modification que nous signalons qu'elle paraît facilement réalisable, et qu'elle ne prive pas l'intérêt social des garanties auxquelles il a droit en cette matière. Il convient d'ajouter que les juges d'instruction suppléent le plus souvent au silence de la loi, en faisant subir à l'inculpé un dernier interrogatoire dans lequel les charges diverses sont résumées ; mais il est incontestable que l'obligation de donner lecture de toutes les pièces serait une mesure plus efficace et plus complète que cette pratique, qui n'est pas d'ailleurs générale.

III. — La troisième mesure, relative à la publicité de l'ordonnance de règlement, est la consécration de ce principe que toute décision de la justice doit être motivée et rendue publiquement ; on rentrerait ainsi dans le droit commun ; l'inculpé connaîtrait exactement la décision dont il est l'objet ; elle lui serait notifiée ; dans tous les cas, il pourrait en avoir une expédition. On ne voit pas en quoi cette mesure nuirait à la marche de l'instruction, puisqu'à ce moment les preuves sont recueillies. Aujourd'hui, la plupart des décisions des magistrats instructeurs sont ainsi motivées : « Attendu *qu'il existe* ou *qu'il n'existe pas* des *charges suffisantes* d'avoir..., etc. » Ces énonciations ne peuvent pas être considérées comme des motifs suffisants.

Il ressortirait de cette modification un avantage qui a trait à un des problèmes les plus difficiles du droit pénal : La réparation pour les prévenus injustement poursuivis. Qu'arrive-t-il, en effet, après une ordonnance de non-lieu ? Le dossier de l'affaire est déposé en silence dans les cartons du greffe ; celui qui a été l'objet de la poursuite est en butte à toutes les suppositions de la part de ses concitoyens. Pour quel motif a-t-il été renvoyé des fins de la plainte ? personne ne le sait au juste. Le magistrat a signé son ordonnance dans le secret de son cabinet ; souvent même, le prévenu ignore que la décision a été prise. N'est-ce pas une anomalie et une injustice ? — Lorsqu'un individu est traduit devant un Tribunal ou une Cour, il est condamné ou acquitté ; dans ce dernier cas, si les preuves ont fait éclater son innocence, il a pu souffrir des attaques dirigées contre lui, mais justice lui a été faite et réparation publique lui a été donnée ; si, au contraire, les débats ont laissé de grandes incertitudes sur la culpabilité, le public le sait ; et l'on pourrait citer tels acquittements qui valent des condamnations ; en un mot, la publicité des débats donne à chacun selon ses mérites ; si le préjudice matériel est parfois irréparable, le préjudice moral, toujours le plus sérieux, est au moins réparé dans les limites du possible. — Mais rien de tout cela n'existe pour l'information judiciaire : un individu est poursuivi, arrêté, détenu même assez longtemps ; plus tard il est renvoyé par une ordonnance de non-lieu ; personne n'en connaît les motifs, et l'innocent n'a pu trouver dans la publicité des débats cette réparation morale à laquelle il peut cependant prétendre. — On objecte que les charges n'ayant pas été relevées publiquement, la réparation n'a pas besoin d'être publique. Etrange raisonnement ! Est-ce que l'arrestation, la citation, l'appel des témoins ne sont pas des faits publics et notoires ? es'-ce que, d'ailleurs, les inculpations ne prennent pas une gravité d'autant plus grande qu'elles ne sont pas nettement définies ? Il faut noter aussi que,

*

s'il s'agit d'un fait important, la presse locale ne manque pas de publier les moindres incidents qui parviennent à sa connaissance, et que les *faits divers* qui ont trait à ces sortes d'affaires sont reproduits avec empressement par les autres journaux ; à tel point qu'on s'est demandé s'il ne serait pas utile d'apporter quelque tempérament à ces divulgations, souvent erronées, qui sont en opposition avec le système du secret, et qui parfois ont ce résultat de perdre l'accusé dans l'opinion, avant même que la justice ait pu se prononcer ! — C'est donc une objection sans valeur ; elle n'est pas susceptible d'arrêter une mesure que justifient les principes, et que l'intérêt social ne repousse pas davantage que les précédentes.

On cite beaucoup maintenant l'exemple de l'Angleterre : cela n'est pas nouveau. De Lacombe, savant criminaliste, avocat au Parlement de Paris, dit dans le *Traité sur les matières criminelles*, partie relative aux informations judiciaires (page 334, édition 1756) : « Chez les Romains, la cause se portait à l'audience ; c'était aussi l'usage en France avant l'ordonnance de 1539, qui a commencé à mettre et à réduire la défense d'un accusé dans la rigueur où elle est aujourd'hui. En Angleterre, un accusé se défend et on défend un accusé comme on le faisait chez les Romains. Le plus souvent, l'accusé y jouit de la liberté pendant l'instruction de son procès, en donnant caution de se représenter en temps et lieu, et c'est ce qu'on y appelle la loi *Habeas corpus* ; ce qui est fort consolant pour un accusé et ne se pratique plus parmi nous. »

On le voit, ce n'est pas d'aujourd'hui que l'exemple de l'Angleterre est cité ; dans ce pays, les lois et les institutions ne subissent pas des variations continuelles comme en France ; abroger n'est pas anglais, a-t-on dit ; on corrige, mais on ne détruit pas. Ne conviendrait-il pas de suivre cet exemple ? Nous avons essayé de le démontrer au début de ce travail ; il est bien vrai qu'il est préférable d'appeler l'attention sur des réformes pratiques et secondaires plutôt que sur la refonte des organisations et l'ensemble des systèmes. Les modifications aux Codes de procédures civile et pénale, sur lesquelles nous venons peut-être trop longuement de nous appesantir, pourront être traitées de peu importantes, et certains grands esprits diront qu'il ne faut pas tant s'arrêter à quelques détails ; mais ne vaut-il pas mieux demander peu que commettre des exagérations qui n'aboutissent à rien ?

Nous n'avons pas craint d'affirmer que ce ne serait qu'en s'attaquant aux mesures de second ordre que l'esprit de réforme, qui se manifeste partout aujourd'hui, pourrait opérer de sérieux résultats. Nous avons appuyé cette pensée sur des sentiments de prudence, de raison, et aussi sur des exemples que nous offre l'histoire.

Actuellement il n'est question que de divers projets relatifs à une réorganisation de la magistrature ; certains esprits pensent qu'on apportera des améliorations dans le service de la justice, en modifiant

les tribunaux et en réduisant le personnel ; il y en
a même qui croient qu'on pourrait réaliser des éco-
nomies sur ce budget. Au lieu de corriger les procédures dans ce qu'elles ont de défectueux, il suf-
fira donc de supprimer un ou plusieurs tribunaux
pour faire prévaloir l'intérêt du plus grand nombre !
— Ces diverses questions ont été déjà trop débattues
pour que nous ayons à les discuter ici de nouveau.
Tout le monde connaît notamment le projet déposé
au Sénat par M. le Garde des Sceaux (1), projet qui
a été dans cette revue l'objet de nombreuses critiques (2). Je me garderai donc de prendre la parole
après des voix si autorisées, et je me contenterai des
enseignements que fournit notre histoire sur les
suites réservées aux systèmes qui ébranlent les ba-
ses de l'organisation judiciaire et administrative.

Les projets de réforme sur l'organisation judiciaire ne sont pas une nouveauté ; toutes les révo-
lutions les ont reproduits avec plus ou moins de dif-
férences : il semble même que ce soit l'indice ou la
conséquence d'une situation aigüe. Depuis Robes-
p'erre qui proposa, en 1791, l'établissement du jury
en matière civile, dans le but de créer comme un
contrepoids au pouvoir de l'ordre judiciaire, toutes
sortes de projets ont été formulés aux époques critiques de notre histoire. Citons seulement pour mémoire ceux qui furent à l'ordre du jour après la
révolution de 1830, ceux que fit éclore celle de 1848,
et enfin ceux de 1873. Qu'est-il advenu de ces derniers quoiqu'ils fussent autrement sérieux que les

---

(1) M. Dufaure.
(2) Voir *France judiciaire*, 1ᵉ partie, pages 115 et suiv.

précédents ? Ils ont eu le même sort que leurs devanciers ; l'organisation judiciaire est restée ce qu'elle était avant. Il faut même remarquer qu'en 1835, le Gouvernement qui, suivant sans doute les tendances du moment, avait commencé par proposer de réduire le nombre des magistrats, finit par demander qu'il fut augmenté, reconnaissant que les besoins réels du service s'accommoderaient fort mal des systèmes de remuement, de déplacement et de réduction.

L'organisation judiciaire actuelle peut n'être pas parfaite ; mais où se trouve la perfection dans les œuvres de l'homme ? est-on bien sûr en créant des systèmes nouveaux de ne pas donner naissance à des abus plus grands et d'autant plus dangereux qu'ils sont inconnus ? L'ordre de choses actuel est intimement lié avec les organisations administrative, militaire, financière et toutes les autres branches de l'état social ; il y a entr'elles toutes, on ne saurait le nier, une combinaison qui, dans la pratique et les usages, offre des avantages auxquels on risque fort de porter atteinte en détruisant cette harmonie. Citons ici cette page que le savant jurisconsulte Boncenne écrivait en 1837, et qui cependant paraît être d'aujourd'hui : « Cette combinaison qui réunit dans un centre d'unité les diverses branches de l'ordre administratif et de l'ordre judiciaire, donne une précieuse facilité à la marche des affaires. Si j'avais à discuter le mérite des projets que les sessions législatives ont tour à tour annoncés sur la suppression ou la réunion de quelques tribunaux, je dirai que le respect des peuples s'attache mieux à l'inamovibilité des personnes et des institutions ; que ces incertitudes périodiques, ces systèmes menaçants altèrent la considération et la confiance dont se nourrit la magistrature ; qu'on ne pourrait changer l'ordre établi sans rendre la justice d'un accès trop difficile, d'un trop grand coût pour le pauvre et sans détruire cet ensemble harmonieux qui raccorde toutes les parties de l'administration publique (1). »

C'est ainsi, que pour être sérieuses et véritablement utiles, les réformes devront porter bien plus sur des questions pratiques et secondaires que sur des changements profonds dans nos institutions sociales ; et nous ne saurons mieux faire que de rappeler, en terminant, les belles paroles du premier président Bécot, qui nous ont servi d'épigraphe : *S'il faut toucher aux lois, c'est avec la lime plutot qu'avec la hache.* En prenant cette pensée pour guide, les législateurs modernes feront œuvre durable et n'auront pas à redouter des moindres crises politiques, le renversement de toutes leurs *grandes réformes* et de tous leurs *brillants programmes* que le peuple acclame, il est vrai, parce qu'ils font luire à ses yeux l'abolition de ce qu'on nomme *les abus*, mais qui, en réalité, demeurent stériles quand ils ne deviennent pas funestes à notre pays.

Février 1877.

(¹) *Théorie de la procédure civile,* t. I, page 133.

9 782019 275136